# Cupcakes
## 50 neue Rezeptideen

Oliver Brachat

AT Verlag

Ein besonderes Dankeschön an Birgit Loursky und Claudia Weber.


AT Verlag, Aarau und München
Rezepte: Oliver Brachat und Tobias Rauschenberger
Fotos und Requisite: Oliver Brachat, www.oliverbrachat.com
Fotoküche: Tobias Rauschenberger
Fotoassistenz: Nina Ebbinghaus, Celine Klück
Postprodukion: Nina Ebbinghaus
Bildaufbereitung: Vogt-Schild Druck, Derendingen
Druck und Bindearbeiten: Kösel, Krugzell
Printed in Germany

ISBN 978-3-03800-528-5

www.at-verlag.ch

# Inhalt

# Fruchtig und saisonal

# Apfel-Streusel-Cupcakes

Ergibt 8 Stück (12er-Muffinblech oder Einzelformen)

*Teig*
250 g kalte Butter in Stückchen
100 g Zucker
1 Päckchen Vanillezucker
1 Eigelb
350 g Mehl
70 g gemahlene Haselnüsse
1 Päckchen Backpulver

*Füllung*
2 Äpfel
¼ TL Zimtpulver

Puderzucker

Den Backofen auf 180 Grad vorheizen.

Für den Teig alle Zutaten in eine Schüssel geben und krümelig reiben.

Für die Füllung die Äpfel schälen, vom Kerngehäuse befreien, in 5 × 5 mm grosse Würfel schneiden und mit dem Zimt mischen.

In die Vertiefungen des Muffinblechs zuerst jeweils 1 Esslöffel Streuselteig geben und mit den Fingern einen Boden und einen Rand formen. Die Apfelwürfel mit dem restlichen Streuselteig mischen und die Formen damit bis über den Rand füllen. Im vorgeheizten Ofen 35–40 Minuten backen. Herausnehmen, aus den Formen lösen und mit Puderzucker bestreuen. Nach Belieben mit Zimteis servieren.

# Bananen-Toffee-Cupcakes

Ergibt 8 Stück (12er-Muffinblech)

*Toffee*
1 Dose gezuckerte Kondensmilch

Teig
120 g weiche Butter
140 g Zucker
2 Eier
140 g Banane
160 g Mehl
1 gestrichener TL Natron
1 Prise Salz

1 Banane
2 EL gehackte Walnüsse

Zunächst für das Toffee die Kondensmilchdose in einen Topf passender Größe stellen, mit Wasser vollständig bedecken und 4–5 Stunden köcheln lassen. Darauf achten, dass die Dose immer mit köchelndem Wasser bedeckt ist. Herausnehmen, auskühlen lassen und in den Kühlschrank stellen.

Alle übrigen Zutaten Zimmertemperatur annehmen lassen. In die Vertiefungen des Muffinblechs Papierkapseln setzen. Den Backofen auf 180 Grad vorheizen.

Für den Teig Butter und Zucker cremig schlagen, bis sich der Zucker fast vollständig aufgelöst hat. Ein Ei nach dem anderen dazugeben und weiter schlagen. Die Banane schälen, mit einer Gabel zerdrücken und zum Teig geben. Natron und Salz mit dem Mehl mischen und ebenfalls unter den Teig rühren. Den Teig in die Förmchen füllen und im vorgeheizten Ofen 25–30 Minuten backen. Herausnehmen und auskühlen lassen.

Die Kondensmilchdose öffnen und die entstandene Toffeemasse in einen Spritzbeutel mit breiter Streifentülle füllen. Die Banane schälen und in Scheiben schneiden, die Cupcakes damit belegen, den Toffee aufspritzen und mit gehackten Walnüssen bestreuen.

# Blaubeer-Cupcakes

Ergibt 7–8 Stück (Einzelformen)

*Boden*
1 dünnes Baguette (Flûte)
2 Eier
120 ml Rahm
1½ EL Zucker
1 TL Speisestärke
1 Prise Vanillepulver
1 Prise Zimtpulver

*Füllung*
400 g Blaubeeren
abgeriebene Schale von ½ Zitrone

Puderzucker

8 Muffinförmchen mit Butter fetten und mit Mehl ausstäuben, ausklopfen. Kleine Backpapierkreise ausschneiden und auf den Boden der Förmchen legen. Den Backofen auf 180 Grad vorheizen.

Für Boden und Rand der Förmchen das Baguette in ½ cm dünne Scheiben schneiden.

Eier, Rahm, Zucker, Speisestärke, Vanillepulver und Zimt in einer Schüssel verquirlen, in einen tiefen Teller giessen. Die Baguettescheiben nacheinander in die Eimischung tauchen und zuerst eine Scheibe auf den Boden der Förmchen legen. Die weiteren Scheiben überlappend als Rand in die Förmchen legen und gut andrücken.

Für die Füllung vier Fünftel der Blaubeeren mit der Zitronenschale mischen und in die vorbereiteten Förmchen verteilen. Die restliche Eimischung darübergießen. Im vorgeheizten Ofen 25–30 Minuten backen, bis die Eimischung gestockt ist. Die beiseite gelegten Blaubeeren darüber verteilen und mit Puderzucker bestäuben.

Nach Belieben mit luftig aufgeschlagenem Rahm servieren.

# Erdbeer-Cupcakes

Ergibt 8 Stück (12er-Muffinblech)

*Biskuit*
2 Eier
60 g Zucker
½ Päckchen Vanillezucker
1 Prise Salz
40 g Mehl
1 EL Speisestärke
1 EL Pflanzenöl

*Erdbeermousse*
250 g reife Erdbeeren, geputzt, gewaschen, trocken getupft
100 g Puderzucker
200 g Naturjoghurt
Saft von ½ Zitrone
4 Blatt Gelatine, in kaltem Wasser eingeweicht
200 ml Rahm

Puderzucker
16 kleine, schöne Erdbeeren

Den Boden des Muffinblechs buttern. Den Backofen auf 175 Grad vorheizen.

Für den Biskuitteig die Eier mit Zucker, Vanillezucker und Salz auf das vierfache Volumen aufschlagen. Mehl und Speisestärke mischen und auf die Eimasse sieben. Zusammen mit dem Öl darunterheben. Die Masse bis 1 cm unter den Rand in die Vertiefungen des Muffinblechs füllen. Im vorgeheizten Ofen 20–25 Minuten backen. Herausnehmen und auskühlen lassen, dann mit einem kleinen Messer dem Rand entlang lösen.

Für die Erdbeermousse die Erdbeeren mit dem Puderzucker pürieren und durch ein feines Sieb streichen. Das Erdbeerpüree mit dem Naturjoghurt glatt rühren. Den Zitronensaft in einem kleinen Topf erwärmen, die ausgedrückte Gelatine darin unter Rühren auflösen. Langsam unter ständigem Rühren unter die Erdbeermasse mischen. Den Rahm steif schlagen und unter die Erdbeercreme heben. Im Kühlschrank fest werden lassen.

Die Cupcakes jeweils zweimal horizontal durchschneiden. Sobald die Creme fest zu werden beginnt, mit einem Spritzbeutel mit grosser Lochtülle oder mit einem Löffel auf die Teigböden verteilen. Die Teigböden aufeinandersetzen. Die Cupcakes mit Puderzucker bestäuben und mit kleinen Erdbeeren dekorieren.

# Feigen-Cupcakes

Ergibt 6 Stück (Einzelformen)

*Teig*
3 rechteckige Blätterteigplatten, tiefgekühlt, aufgetaut
etwas Mehl

*Belag*
6 reife Feigen
12 Stück brauner Würfelzucker
6 TL Portwein oder Rotwein

Puderzucker zum Bestäuben

6 Muffinförmchen buttern. Den Ofen auf 190 Grad vorheizen.

Aus dem Blätterteig mit einem Ausstecher von 12 cm Durchmesser 6 Kreise ausstechen. Die Förmchen mit dem Blätterteig gleichmässig auslegen, den Teig andrücken.

Die Feigen am Stielansatz kreuzweise einschneiden, etwas auseinanderdrücken und auf den Blätterteig in die Förmchen stellen. Jeweils 2 Stück Würfelzucker in die Mitte der Feigen drücken und mit einem TL Portwein oder Rotwein beträufeln. Im vorgeheizten Ofen etwa 20 Minuten backen, bis der Blätterteig goldbraun ist. Herausnehmen und vorsichtig aus den Formen stürzen.

Zum Servieren mit etwas Puderzucker bestäuben. Dazu passt luftig aufgeschlagener Rahm.

## Gewürzbirnen-Cupcakes

Ergibt 8 Stück (12er-Muffinblech)

*Teig*
70 g Mehl
40 g Kartoffelstärke
100 g gemahlene Haselnüsse
50 g ungeschwefelte getrocknete Aprikosen, klein gewürfelt
50 g Backpflaumen, klein gewürfelt
1 Stück Ingwerwurzel (ca. 2 cm), geschält, fein gerieben
1 Päckchen Vanillezucker
2 TL Zimtpulver
je 1 Prise Muskatnuss, Nelkenpulver und Kardamompulver
abgeriebene Schale von 1 unbehandelten Orange
70 g Zartbitterschokolade, zerkleinert
120 g weiche Butter
5 Eier
150 g Zucker

*Birnenkompott*
100 ml Weißwein oder Apfelsaft
50 g Zucker
½ Vanilleschote, ausgekratztes Mark und Stängel
1 Sternanis
2 Birnen, geschält, entkernt, gewürfelt
Saft von 1 Zitrone
3 gestrichene TL Speisestärke, mit 3 TL Wasser angerührt

100 ml Rahm, steif geschlagen
Zimtpulver zum Bestäuben

In die Vertiefungen des Muffinblechs Papierkapseln setzen. Den Ofen auf 175 Grad vorheizen.

Für den Teig Mehl, Stärke und Nüsse mischen. Separat Aprikosen, Pflaumen, Ingwer, Gewürze und Orangenschale mischen. Die Schokolade über einem heißen Wasserbad schmelzen. Butter, Eigelbe und ein Drittel des Zuckers zusammen cremig aufschlagen. Die geschmolzene Schokolade und die Früchtemischung dazugeben und einige Minuten weiterschlagen. Das Eiweiß mit dem restlichen Zucker (100 g) steif schlagen. Mehlmischung und Eischnee abwechselnd unter die Butter-Eigelb-Masse ziehen. Den Teig in die Förmchen füllen. In der Mitte des vorgeheizten Ofens 2 Minuten backen, dann die Ofentemperatur auf 150 Grad reduzieren und weitere 15 Minuten fertig backen. Mit einem Stäbchen prüfen, ob der Teig durchgebacken ist. Auskühlen lassen.

Für das Kompott Weißwein oder Apfelsaft mit Zucker und Gewürzen aufkochen. Die Birnenstücke dazugeben und 4–5 Minuten leicht köcheln lassen. Die Birnen und die Gewürze herausheben. Den Zitronensaft zum Sud geben und mit der angerührten Speisestärke binden. Die Birnenstücke beifügen und im Sud abkühlen lassen.

Einen Deckel von den Cupcakes abschneiden. Kompott darauf verteilen, mit Schlagrahm, Zimt und dem Teigdeckel garnieren.

# Gingerbread Cupcakes

Ergibt 7 Stück (12er-Muffinblech)

*Teig*
50 g weiche Butter
½ TL Lebkuchengewürz
1 EL Zuckerrübensirup (Rübenkraut)
2 Eier
80 ml Milch
3 cm Ingwer, geschält, fein geraspelt
65 g brauner Zucker
170 g Mehl
½ TL Natron
½ TL Backpulver

*Glasierte Mandarinen*
3 Mandarinen, geschält
50 g Zucker
10 g Butter
70 ml Orangensaft

*Garnitur*
150 ml Rahm
1 EL Puderzucker
¼ Vanilleschote, ausgekratztes Mark

Alle Zutaten Zimmertemperatur annehmen lassen. In die Vertiefungen des Muffinblechs Papierkapseln setzen. Den Backofen auf 180 Grad vorheizen.

Für den Teig die Butter mit Lebkuchengewürz und Zuckerrübensirup cremig schlagen. Die Eier trennen, die Eigelbe nach und nach dazugeben. Die Milch und den geraspelten Ingwer darunterrühren. Das Eiweiß mit dem braunen Zucker steif schlagen. Das Mehl mit Natron und Backpulver mischen und abwechselnd mit dem Eischnee unter die Buttermischung heben. Den Teig bis zur Hälfte in die Förmchen füllen. Im vorgeheizten Ofen 20–25 Minuten backen. Herausnehmen und auskühlen lassen.

Inzwischen für die glasierten Mandarinen aus jeder Mandarine 2 dicke Scheiben schneiden. Den Zucker in einer Pfanne goldbraun karamellisieren, die Butter dazugeben und mit dem Orangensaft ablöschen. Kurz kochen lassen, bis sich der Zucker vollständig aufgelöst hat. Die Mandarinenscheiben 2 Minuten im leicht kochenden Sud glasieren, dann herausnehmen und abkühlen lassen.

Den Rahm mit Puderzucker und Vanillemark steif schlagen und in einen Spritzbeutel mit Lochtülle füllen. Den Schlagrahm auf den Rand der Cupcakes spritzen, die glasierten Mandarinenscheiben in die Mitte geben und mit etwas Mandarinenfond beträufeln.

# Herbstliche Cupcakes

Ergibt 6 Stück (6er- oder 12er-Muffinblech)

*Teig*
4 Eiweiß
175 g Puderzucker
25 g Mehl
75 g gemahlene Mandeln

*Schokoladenblätter*
200 g Zartbitterkuvertüre
ca. 20 kleine Weinblätter, gesäubert

*Cranberrysauce und -rahm*
180 g frische Cranberrys, gewaschen (oder tiefgekühlte aufgetaut)
4 EL Apfelsaft
70 g Zucker
abgeriebene Schale von ½ Zitrone

200 ml Rahm, kalt
2 kleine Messlöffel Kaltbindepulver (Reformhaus)
3 EL Cranberrysauce

In die Vertiefungen des Muffinblechs 6 Papierkapseln setzen. Den Backofen auf 170 Grad vorheizen.

Für den Teig das Eiweiß in eine saubere Schüssel geben und mit 75 g Puderzucker zu Schnee schlagen. Das Mehl mit den gemahlenen Mandeln und dem restlichen Puderzucker (100 g) mischen und unter den Eischnee heben. Den Teig mit einem Esslöffel bis unter den Rand in die Förmchen füllen. Im vorgeheizten Ofen ungefähr 25 Minuten backen. Herausnehmen und auskühlen lassen.

Für die Schokoladenblätter die Kuvertüre temperieren (siehe Seite 111) und die Unterseite der Weinblätter mit Hilfe eines Pinsels dünn mit der Schokolade bestreichen. Trocknen lassen, dann vorsichtig abziehen und bereithalten. Die Weinblätter können Sie mehrmals verwenden.

Für die Cranberrysauce die Beeren mit Apfelsaft, Zucker und Zitronenschale in einen Topf geben und einige Minuten langsam köcheln lassen. Sobald die meisten Beeren aufgeplatzt sind, mit einem Mixstab fein pürieren und noch heiß durch ein Sieb in eine Schüssel streichen. Das Bindemittel unter den kalten Rahm rühren und diesen steif schlagen. 3 Esslöffel der Cranberrysauce schnell darunterziehen. Die Rahmmischung in einen Spritzbeutel mit Sterntülle füllen.

Auf den Cupcakes jeweils 1 Teelöffel Cranberrysauce verstreichen und den Cranberryrahm darauf spritzen. Kurz kalt stellen. Mit den Schokoladenblättern garnieren und mit Kakaopulver bestäuben.

# Johannisbeerbaiser-Cupcakes

Ergibt 10 Stück (12er-Muffinblech)

*Teig*
120 g weiche Butter
100 g Zucker
3 Eigelb
150 g Mehl
1½ TL Backpulver
50 g Speisestärke
12 EL Milch

*Baiser*
3 Eiweiß
150 g Puderzucker
30 g gemahlene Mandeln
375 g Johannisbeeren, gewaschen, abgezupft

In 10 der Vertiefungen des Muffinblechs Papierkapseln setzen. Den Backofen auf 175 Grad vorheizen.

Für den Teig Butter und Zucker cremig schlagen. Nach und nach die Eigelbe zur Buttermischung geben und weiterrühren. Das Mehl mit Backpulver und Speisestärke mischen und zur Buttermasse geben. Zum Schluss die Milch beifügen und gut verrühren. Den Teig in die Förmchen füllen. Im vorgeheizten Ofen 20–25 Minuten backen. Herausnehmen und auskühlen lassen.

Die Ofentemperatur auf 170 Grad herunterschalten. Die Cupcakes nebeneinander auf ein Blech stellen.

Für das Baiser das Eiweiß zusammen mit dem Puderzucker steif schlagen. Mit einem Holzlöffel die gemahlenen Mandeln und die Johannisbeeren darunterrühren. Das Baiser mit zwei Teelöffeln vorsichtig auf die Cupcakes verteilen und im Ofen weitere 15–20 Minuten fertigbacken.

## Kürbis-Cupcakes

Ergibt 24 Mini-Cupcakes (12er-Muffinblech) oder 9 normal große Cupcakes

*Teig*
350 g Hokkaidokürbis
50 g Sonnenblumenöl
110 g brauner Zucker
2 Eier
1 TL Zimtpulver
½ TL Muskatnuss
¼ TL Salz
1 TL Backpulver
1 TL Natron
175 g Dinkelmehl

*Frischkäsecreme*
75 g weiche Butter
200 g Frischkäse
60 g Puderzucker
1 unbehandelte Zitrone, abgeriebene Schale und Saft
1 Prise Vanillemark

*Kürbischips*
1 Stück Kürbis
Puderzucker

Für die Kürbischips am Vortag ein Stück Kürbis mit dem Sparschäler in hauchdünne Scheiben schneiden. Mit etwas Puderzucker bestäuben und im Backofen bei 70 Grad (Ofenthermometer verwenden) ungefähr 4 Stunden trocknen lassen.

In die Vertiefungen des Muffinblechs Papierkapseln setzen. Den Backofen auf 175 Grad vorheizen.

Für den Teig zuerst das Kürbispüree herstellen. Dazu den Kürbis waschen, schälen, von den Kernen befreien und würfeln. In einem kleinen Topf mit etwas Wasser 20 Minuten zugedeckt leicht köcheln lassen. Mit dem Mixstab pürieren und abkühlen lassen; es sollte 250 g Kürbispüree ergeben. Das Püree mit Öl, Zucker, Eiern, Zimt, Muskatnuss, Salz und Backpulver mit einem Schneebesen gut verrühren. Das Mehl darunterrühren. Mit einem Löffel in die Förmchen füllen. Im vorgeheizten Ofen 25–30 Minuten backen.

Für die Frischkäsecreme alle Zutaten Zimmertemperatur annehmen lassen. Dann alles miteinander cremig rühren und in einen Spritzbeutel mit Blättertülle füllen.

Die Cupcakes mit der Frischkäsecreme verzieren und mit den Kürbischips dekorieren.

# Physalis-Cupcakes

Ergibt 7–8 Stück

*Teig*
50 g Butter
70 g Zucker
1 Eiweiß
1 EL Rahm
1 Prise Salz
30 g Mehl
40 g Mandelblättchen, zerdrückt

*Physaliskompott*
2 Körbchen frische Physalis, Hüllblätter entfernt, gewaschen, halbiert
100 ml Weißwein
30 g Zucker
1 Prise Vanillepulver
½ TL Speisestärke
1 EL kaltes Wasser

*Mascarponecreme*
50 g Zucker
50 ml Wasser
abgeriebene Schale und Saft von 1 Zitrone
250 g Mascarpone

Für den Teig Butter und Zucker in einer kleinen Pfanne schmelzen, in eine Schüssel gießen und abkühlen lassen. Die weiteren Zutaten darunterrühren.

Den Backofen auf 180 Grad vorheizen. Ein Blech mit Silikonbackfolie belegen. 7–8 Cappuccinotassen bereitstellen.

Die Hälfte des Teigs in Portionen von etwa 30 g auf das Blech geben und mit einem Palettenmesser (Spatel) zu Kreisen von 15 cm Durchmesser ausstreichen. In der Mitte des vorgeheizten Ofens etwa 8 Minuten backen, bis der Teig goldbraun ist. Die Teigblätter einzeln herausnehmen und sofort in die Cappuccinotassen drücken, so dass Teigschalen entstehen. Abkühlen lassen. Mit dem restlichen Teig in einem zweiten Durchgang ebenso verfahren.

Für das Kompott den Weißwein zusammen mit Zucker und Vanillepulver einmal aufkochen. Die Speisestärke mit dem kalten Wasser verrühren, zur Weissweinmischung geben und diese damit abbinden. Die Physalis dazugeben und 1–2 Minuten leicht mitköcheln lassen, dann beiseite stellen.

Für die Creme Zucker und Wasser in einem kleinen Topf aufkochen. Zitronenschale und -saft dazugeben und abkühlen lassen. Den Mascarpone darunterrühren.

Kurz vor dem Servieren die Creme in die Teigkörbchen füllen und mit dem Kompott servieren.

# Sommer-Melonen-Cupcakes

Ergibt 8 Stück (12er-Muffinblech)

*Biskuit*
2 Eier
60 g Zucker
½ Päckchen Vanillezucker
1 Prise Salz
40 g Mehl
1 EL Speisestärke
1 EL Pflanzenöl

*Füllung*
100 g Wassermelone
100 g Galiamelone
100 g Cantaloupmelone
5 Pfefferminzblätter
300 ml Rahm
3 EL Puderzucker

Zunächst für die Füllung aus den Melonen mit einem Kugelausstecher Perlen ausstechen und diese in eine Schüssel geben. Das restliche Melonenfleisch zusammen mit den Pfefferminzblättern fein mixen. Durch ein Sieb zu den Melonenperlen gießen und bis zum Servieren im Kühlschrank kalt stellen. Wer mag, kann noch etwas Alkohol, zum Beispiel Rum, dazugeben.

Den Boden des Muffinblechs buttern. Den Backofen auf 175 Grad vorheizen.

Für den Biskuitteig die Eier mit Zucker, Vanillezucker und Salz auf das vierfache Volumen aufschlagen. Mehl und Speisestärke mischen und auf die Eimasse sieben. Zusammen mit dem Öl darunterheben. Die Masse bis 1 cm unter den Rand in die Vertiefungen des Muffinblechs füllen. Im vorgeheizten Ofen 20–25 Minuten backen, herausnehmen und auskühlen lassen, dann mit einem kleinen Messer dem Rand entlang lösen. Die Cupcakes horizontal zweimal durchschneiden.

Für die Füllung den Rahm mit dem Puderzucker steif schlagen, in einen Spritzbeutel mit grosser Sterntülle füllen. Auf die Teigböden sowie auf die mittleren Scheiben dem Rand entlang jeweils Schlagrahm aufspritzen. Die Melonenperlen ohne Flüssigkeit auf den Teigböden verteilen und die Cupcakes wieder zusammensetzen. Anrichten, mit dem Melonenfond übergießen und sofort servieren.

## Veilchen-Cupcakes

Ergibt 8–10 Stück (12er-Muffinblech)

*Teig*
100 g Mehl
1 gestrichener TL Backpulver
40 ml Milch
1 EL Öl
1 Ei
75 g Zucker
abgeriebene Schale von ½ Zitrone
1 Prise Vanillepulver
1 Prise Salz

*Veilchenglasur*
60 g kandierte Veilchen (Feinkostladen)
100 g Puderzucker
2 EL Zitronensaft

In die Vertiefungen des Muffinblechs Papierkapseln setzen. Den Backofen auf 180 Grad vorheizen.

Für den Teig das Mehl mit dem Backpulver mischen. Alle weiteren Zutaten in einer Schüssel verrühren. Die Mehlmischung hineinsieben und gut verrühren. Den Teig bis zur Hälfte in die Förmchen füllen. Im vorgeheizten Ofen etwa 20–25 Minuten backen. Herausnehmen und auf einem Kuchengitter auskühlen lassen.

Für die Glasur die kandierten Veilchen im Blitzhacker (Moulinette oder Kaffeemühle) sehr fein mahlen. Durch ein Haarsieb in eine Schüssel sieben und mit Puderzucker und Zitronensaft verrühren. Jeweils einen Esslöffel davon auf die Cupcakes verteilen.

Entweder sofort servieren oder den Zuckerguss mehrere Stunden trocknen lassen.

# Zitronen-Cupcakes

Ergibt 12 normal große (12er-Muffinblech) oder ca. 50 Mini-Cupcakes

*Teig*
60 g weiche Butter
3 EL Zucker
1 Ei
80 ml Buttermilch
2 EL gemahlene Mandeln
100 g Mehl
½ TL Backpulver
abgeriebene Schale und Saft von
1 Zitrone

*Glasur*
2 EL Zitronensaft
10 gehäufte EL Puderzucker

*Garnitur*
1 unbehandelte Zitrone
1 EL Zucker
1 EL Wasser
3 EL Kristallzucker zum Wenden

In die Vertiefungen des Muffinblechs Papierkapseln setzen. Den Backofen auf 150 Grad vorheizen.

Für den Teig die Butter in einem kleinen Topf schmelzen. Die weiteren Zutaten kurz miteinander vermischen, die flüssige Butter beifügen und darunterrühren. Den Teig in die Förmchen verteilen. Im vorgeheizten Ofen etwa 25 Minuten backen.

Für die Glasur den Zitronensaft mit dem Puderzucker verrühren und mit einem kleinen Löffel auf die ausgekühlten Cupcakes verteilen. Am besten über Nacht trocknen lassen.

Für die Garnitur die Schale der Zitrone mit einem Zestenreisser abschaben. Mit 1 Esslöffel Zucker und Wasser in einen kleinen Topf geben und 10 Minuten köcheln lassen. Herausnehmen und in Kristallzucker wenden. Auskühlen lassen.

*Tipp:*
Anstatt Zitronen kann man auch Limetten oder Orangen verwenden.

# All time favourites

## Klassiker zu Tee oder Kaffee

# Afternoon-Tea Cupcakes

Ergibt 7–8 Stück

*Teig*
50 g weiche Butter
40 g Zucker
1 Prise Salz
2 Eier
45 g Mehl
30 g Speisestärke

*Füllung*
4 EL Erdbeermarmelade
1 EL Zitronensaft
etwas Puderzucker
1 EL ungespritzte Rosenblütenblätter, grob gehackt

kandierte Rosenblätter als Garnitur

8 Silikonbackförmchen buttern. Den Backofen auf 170 Grad vorheizen.

Für den Teig Butter, Zucker und Salz cremig schlagen. Ein Ei nach dem anderen dazugeben und weiterrühren. Mehl und Speisestärke mischen und unter den Teig ziehen. Den Teig in die vorbereiteten Förmchen füllen. Im vorgeheizten Ofen etwa 25 Minuten backen. Herausnehmen und auskühlen lassen.

Für die Füllung die Erdbeermarmelade in einem kleinen Topf aufkochen, Zitronensaft, Puderzucker und die Rosenblätter hinzufügen. Einmal aufkochen lassen und beiseite stellen.

Die Cupcakes horizontal halbieren und mit der noch lauwarmen Erdbeer-Rosen-Marmelade bestreichen. Etwas abkühlen lassen und wieder zusammensetzen, mit Puderzucker bestäuben und mit den kandierten Rosenblättern garnieren.

# American Carrot Cupcakes

Ergibt 6 Stück (6er- oder 12er-Muffinblech)

*Teig*
220 g Karotten, geschält, fein gerieben
3 EL fein geriebener geschälter Ingwer
65 g Pflanzenöl
110 g brauner Zucker
2 Eier
1 Prise Salz
1 TL Backpulver
1 TL Natron
50 g gemahlene Haselnüsse
175 g Dinkelmehl

*Buttercreme*
140 g weiche Butter
60 g Zuckerrübensirup
50 g Frischkäse

gehackte Haselnüsse und feine Karottenstreifen als Garnitur

In die Vertiefungen eines Muffinblechs Papierkapseln setzen. Den Backofen auf 170 Grad vorheizen.

Karotten und Ingwer mit allen weiteren Zutaten in einer Schüssel gut verrühren. In die Förmchen füllen. Im vorgeheizten Ofen etwa 30 Minuten backen. Mit einem Stäbchen prüfen, ob der Teig durchgebacken ist. Herausnehmen und abkühlen lassen.

Für die Buttercreme alle Zutaten Zimmertemperatur annehmen lassen. Die Butter cremig schlagen. Den Rübensirup einlaufen lassen, dann den Frischkäse löffelweise dazugeben und weiterrühren, bis eine Masse von homogener Konsistenz entstanden ist. In einen Spritzbeutel mit Sterntülle füllen und ½ Stunde in den Kühlschrank stellen.

Die Cupcakes tupfenartig mit der Buttercreme verzieren. Mit gehackten Haselnüssen und Karottenstreifen verzieren.

# Bienenstich-Cupcakes

Ergibt 8–10 Stück (12er-Muffinblech)

*Hefeteig*
250 g Mehl
12 g Frischhefe
110 ml Milch, lauwarm
30 g Zucker
je 1 Prise Vanillepulver und Salz
1 Eigelb
½ Zitrone, abgeriebene Schale
35 g Butter

*Mandelhaube*
80 g Butter
50 g Zucker
40 g Honig
100 g Mandelblättchen

*Weiße Schokoladenmousse*
200 ml Rahm
1 Prise Vanillepulver
100 g weiße Kuvertüre
2 Blatt Gelatine, in kaltem Wasser eingeweicht

Das Muffinblech buttern. Den Backofen auf 175 Grad vorheizen.

Für den Hefeteig das Mehl in eine Schüssel geben, eine Mulde formen und die Hefe hineinbröseln. Die Milch über die Hefe gießen, diese mit einer Gabel auflösen und mit etwas Mehl vom Rand verrühren. 15 Minuten abgedeckt gehen lassen. Dann Zucker, Vanillepulver, Salz, Eigelb, Zitronenschale und Butter dazugeben. Alles mit dem Vorteig 5 Minuten zu einem Teig kneten und 30 Minuten abgedeckt gehen lassen.

Inzwischen für die Mandelhaube Butter, Zucker und Honig in einer Pfanne erhitzen, bis sich der Zucker aufgelöst hat. Die Mandelblättchen dazugeben und unterrühren. Abkühlen lassen.

Den Hefeteig in 10 Portionen teilen, diese zu Kugeln formen und in die Vertiefungen des Muffinblechs setzen. Nochmals 15 Minuten abgedeckt gehen lassen. Dann die Masse für die Mandelhaube großzügig darüber verteilen. Im Backofen 25–30 Minuten backen. Herausnehmen und auskühlen lassen.

Für die Schokoladenmousse 50 ml Rahm mit dem Vanillepulver in einem kleinen Topf aufkochen, vom Herd nehmen, die Kuvertüre und die ausgedrückte Gelatine dazugeben und unter Rühren darin auflösen. Die restlichen 150 ml Rahm steif schlagen und darunterheben. Zum Festwerden mindestens 2 Stunden in den Kühlschrank stellen.

Zum Fertigstellen die Mousse in einen Spritzbeutel füllen. Die Cupcakes halbieren und mit der Mousse füllen. Nach Wunsch mit einer Karamellsauce verfeinern (siehe Rezept Seite 44).

# Black and White Cupcakes

Ergibt 6–8 Stück (12er-Muffinblech)

*Teig*
125 g weiche Butter
125 g Zucker
½ Päckchen Vanillezucker
1 Prise Salz
3 Eier
150 g Mehl
½ Päckchen Backpulver

1 EL Kakopulver
2 EL Milch
25 g Zartbitterschokolade, fein geraspelt

25 g geschälte gemahlene Mandeln

Puderzucker zum Bestäuben

In die Vertiefungen des Muffinblechs Papierkapseln setzen. Den Backofen auf 175 Grad vorheizen.

Für den Teig die weiche Butter, die Hälfte des Zuckers, Vanillezucker und Salz zu einer luftigen, cremigen Masse rühren. Die Eier trennen und die Eigelbe nach und nach unter die Buttermasse rühren. Das Mehl mit dem Backpulver mischen und ebenfalls darunterrühren. Das Eiweiß mit dem restlichen Zucker zu Schnee schlagen und darunterheben.

Die Hälfte der Teigmenge in eine separate Schüssel geben. Kakaopulver und Milch verrühren und zusammen mit der Schokolade unter die eine Teigportion rühren. Die gemahlenen Mandeln unter die andere Hälfte des Teigs rühren.

Die beiden Teige jeweils in einen Spritzbeutel füllen und abwechselnd im Karomuster (Viertelkreise) bis 1 cm unter den Rand in Förmchen spritzen. In der Mitte des vorgeheizten Ofens ungefähr 40 Minuten backen. Mit einem Stäbchen prüfen, ob der Teig durchgebacken ist. Bleibt beim Herausziehen nichts daran kleben, die Cupcakes herausnehmen und auskühlen lassen. Mit Puderzucker bestäubt servieren.

# Brownie Caramel Cupcakes

Ergibt 7 Stück (12er-Muffinblech)

*Teig*
120 g Zartbitterschokolade
120 g Butter
140 g brauner Zucker
1 Prise Salz
3 Eier
1 EL Mehl

*Karamellsauce*
50 g Zucker
75 ml Rahm
10 g Butter

2 EL Erdnüsse, geröstet und gesalzen
etwas Fleur de Sel

In die Vertiefungen eines Muffinblechs Papierkapseln setzen. Den Backofen auf 190 Grad vorheizen.

Für den Teig die Schokolade zusammen mit der Butter über einem heißen Wasserbad schmelzen. Zucker und Salz hinzufügen und gut verrühren. Kurz abkühlen lassen. Dann ein Ei nach dem anderen dazugeben und einarbeiten. Zum Schluss das Mehl zum Teig geben und gut verrühren. Den Teig in die Förmchen füllen. Im vorgeheizten Ofen 20 Minuten backen. Herausnehmen und auskühlen lassen.

Für die Karamellsauce den Zucker in einer Pfanne goldbraun karamellisieren lassen; dabei nicht rühren. Den Rahm dazugeben und aufkochen, bis sich der karamellisierte Zucker gelöst hat, erst dann umrühren. Die Butter dazugeben und glatt rühren.

Die Cupcakes auf Tellern anrichten. In die entstandene Vertiefung die Karamellsauce giessen. Mit gehackten Erdnüssen und Meersalz bestreuen.

# Chocoholic Cupcakes

Ergibt 12 Mini-Cupcakes (12er-Muffin-blech)

50 g Zartbitterkuvertüre
1 EL Honig
2 Eier
80 g Zucker
10 ml Espresso
80 g Butter
50 g Kakaopulver
65 g Crème double

kleine Butterkekse

Die Kuvertüre mit dem Honig über dem heißen Wasserbad schmelzen.

Eier, Zucker und Espresso zusammen über einem heißen Wasserbad schaumig schlagen, bis die Masse dicklich wird. Vom Wasserbad nehmen, dann zuerst die geschmolzene Schokolade, danach die Butter, Kakaopulver und Crème double dazugeben und gut verrühren.

In die Vertiefungen des Muffinblechs Papierkapseln setzen und diese bis zur Oberkante mit der Schokoladenmasse füllen. Die Kekse zerbrechen und in die Schokoladenmasse stecken. Im Kühlschrank mehrere Stunden fest werden lassen.

## Chocolate Cheese Cupcakes

Ergibt 6–8 Stück (Einzelformen)

110 g Zartbitterkuvertüre
220 g Frischkäse
75 g Zucker
1 Ei
½ TL Kakaopulver
80 g Sauerrahm (saure Sahne)

Alle Zutaten Zimmertemperatur annehmen lassen. Den Backofen auf 100 Grad vorheizen.

Die Zartbitterkuvertüre in einer Schüssel über einem heißen Wasserbad schmelzen. Vom Wasserbad nehmen und etwas abkühlen lassen.

Inzwischen den Frischkäse und den Zucker cremig schlagen, das Ei und die geschmolzene Kuvertüre unter ständigem Rühren unter die Frischkäsemasse mischen. Das Kakaopulver hinzufügen und den Sauerrahm darunterrühren, bis alles gut vermischt ist.

In die Vertiefungen des Muffinblechs Papierkapseln setzen und den Teig einfüllen. Im vorgeheizten Backofen etwa 1 Stunde backen (bei einer Temperatur über 110 Grad kann die Teigoberfläche reissen). Aus dem Ofen nehmen, etwas abkühlen lassen und dann im Kühlschrank 2–3 Stunden vollständig auskühlen lassen.

# Chocolate Mint Cupcakes

Ergibt 6 Stück (6er- oder 12er-Muffinblech)

*Teig*
2 Eier
70 g Zucker
1 Prise Salz
50 g Mehl
15 g Kakaopulver
1 EL Milch
80 g dunkle Schokolade, gehackt

*Minzrahm*
5 Zweige Pfefferminze
200 ml Rahm
2 EL Zucker

*Garnitur*
6 Pfefferminzblätter, gesäubert
1 Eiweiß
100 g Zucker

Schokoröllchen

Für die Garnitur die Pfefferminzblätter am besten schon mehrere Stunden im Voraus mit Hilfe eines Pinsels mit Eiweiß dünn bestreichen und in Kristallzucker wenden. Die Blätter im Zucker liegen lassen; so wird ihnen das Wasser entzogen.

In die Vertiefungen des Muffinblechs Papierkapseln setzen. Den Backofen auf 180 Grad vorheizen.

Für den Teig die Eier mit Zucker und Salz auf das vierfache Volumen aufschlagen. Mehl und Kakaopulver mischen und auf die Eimasse sieben. Die Milch und die gehackte Schokolade dazugeben und alles mit einem Holzlöffel vorsichtig unterheben. Mit einem Esslöffel die Masse bis 1 cm unter den Rand in die Förmchen füllen. Im vorgeheizten Ofen 20–25 Minuten backen. Herausnehmen und vollständig auskühlen lassen.

Für den Minzrahm die Pfefferminzblätter klein schneiden und zusammen mit Rahm und Zucker in einem kleinen Topf aufkochen lassen. Abgedeckt im Kühlschrank vollständig erkalten lassen, dann durch ein feines Sieb gießen und dabei die Zweige mit einem Löffel ausdrücken. Anschließend den aromatisierten Rahm steif schlagen, in einen Spritzbeutel mit Lochtülle füllen und kreisförmig auf die Cupcakes spritzen. Mit den kandierten Minzblättern und mit Schokoröllchen garnieren.

*Tipp:*
Für einen stärkeren Minzgeschmack kann man die Cupcakes vor dem Garnieren noch mit etwas Pfefferminzlikör beträufeln.

# English Toffee Cupcakes

Ergibt 8 Mini-Cupcakes (12er-Muffinblech)

*Teig*
30 g weiche Butter
1 EL brauner Zucker
1 Ei
90 g Dinkelmehl
½ TL Backpulver
½ TL Natron
1 Prise Salz
2 EL Milch
50 g Backpflaumen, entsteint, fein gewürfelt
1 EL Rosinen

*Karamellsauce*
100 g Zucker
20 g Butter
150 ml Rahm

*Karamellbutter*
160 g weiche Butter
120 g Karamellsauce

8 Rosinen

In die Vertiefungen des Muffinblechs Papierkapseln setzen. Den Backofen auf 170 Grad vorheizen.

Für den Teig Butter und Zucker cremig schlagen, das Ei dazugeben. Das Mehl mit Backpulver, Natron und Salz mischen. Zusammen mit der Milch unter die Buttermasse mischen. Backpflaumen und Rosinen darunterziehen. Die Masse in einen Spritzbeutel geben und in die Förmchen füllen. Im vorgeheizten Ofen 20 Minuten backen. Herausnehmen und auskühlen lassen.

Für die Karamellsauce den Zucker in einem Topf goldgelb karamellisieren, die Butter dazugeben und mit dem Rahm ablöschen. So lange weiter köcheln lassen, bis sich der Karamell vollständig aufgelöst hat und eine leicht dickliche Sauce entstanden ist. Abkühlen lassen.

Für die Karamellbutter die Butter cremig und weißlich schlagen. 120 g der Karamellsauce abmessen und esslöffelweise unter ständigem Rühren unter die Butter rühren, bis eine homogene Masse entstanden ist. In einen Spritzsack mit gebogener Rillentülle füllen und als dekorative, hoch aufgetürmte Garnitur auf die Cupcakes spritzen. Mit etwas Karamellsauce überziehen und jeweils mit einer Rosine garnieren.

# Himbeer-Ganache-Cupcakes

Ergibt 8 Mini-Cupcakes (12er-Muffinblech)

*Teig*
50 g Vollrohrzucker
125 g Weißmehl
¼ TL Backpulver
1 Prise Salz
60 g kalte Butter in Stückchen
1 Eigelb

*Ganache*
80 ml Rahm
2 TL flüssiger Honig
90 g Zartbitterschokolade, gehackt
140 g Vollmilchschokolade, gehackt

16 Himbeeren
Hülsenfrüchte oder Blindbackperlen zum Beschweren

Für den Teig Zucker, Mehl, Backpulver und Salz mischen, die Butterstückchen und das Eigelb hinzufügen, alles krümelig reiben und zu einem Mürbeteig zusammenfügen. In Frischhaltefolie wickeln, flach pressen und 30 Minuten kühl stellen.

8 der Vertiefungen des Muffinblechs buttern. Den Backofen auf 170 Grad vorheizen.

Den Teig zwischen zwei Lagen Backpapier mit etwas Mehl 2–3 mm dünn ausrollen. Rondellen ausstechen, in die Vertiefungen des Blechs legen, einen Rand bilden und leicht andrücken. Überstehenden Teig mit einem kleinen Messer abschneiden. Aus Backpapier kleine Kreise ausschneiden und am Rand rundherum alle 5 mm 2 cm tief einschneiden. In die Teigförmchen legen, anpressen, dann mit Hülsenfrüchten oder Blindbackperlen beschweren und im vorgeheizten Ofen 15–20 Minuten backen. Herausnehmen und auskühlen lassen, dann die Hülsenfrüchte oder Blindbackperlen entfernen. Falls der Teig noch nicht ganz durchgebacken ist, nochmals weitere 5 Minuten (ohne Beschwerung) backen.

Für die Ganache den Rahm zusammen mit dem Honig aufkochen, vom Herd nehmen, die beiden Schokoladesorten dazugeben und schmelzen lassen. Die Masse lauwarm abkühlen lassen und gut durchrühren; sie sollte durch das Abkühlen eine zähe Konsistenz erreichen. Die Ganache in einen Spritzbeutel mit Lochtülle füllen. Etwas davon in die Teigförmchen spritzen. Die Himbeeren mit dem Loch nach unten hineindrücken. Mit Ganache kreisförmig bis über den Mürbeteigrand auffüllen. Fest werden lassen und mit einer Himbeere garnieren.

# Honig-Cupcakes

Ergibt 14 Mini-Cupcakes (12er-Muffinblech)

*Teig*
125 g weiche Butter
50 g Rohrzucker
½ Vanilleschote, ausgekratztes Mark
2 Eier
125 g Dinkelmehl
1½ TL Backpulver
100 g Rosinen
125 g Haferflocken

*Honigbuttercreme*
2 Eiweiß
70 g Honig
1 Prise Salz
200 g weiche Butter

etwas flüssiger Honig zum Beträufeln

Alle Zutaten Zimmertemperatur annehmen lassen. Den Backofen auf 180 Grad vorheizen. Die Vertiefungen des Muffinblechs buttern.

Für den Teig die Butter zusammen mit Zucker und Vanillemark in einer Schüssel cremig schlagen. Nach und nach die Eier dazugeben und gut verrühren. Das Mehl mit dem Backpulver mischen und zur Buttermischung geben. Rosinen und Haferflocken darunterrühren. Den Teig in einen Spritzbeutel mit grosser Lochtülle geben und in die Vertiefungen der Muffinbleche füllen. Im vorgeheizten Ofen etwa 20–25 Minuten backen. Herausnehmen und auskühlen lassen.

Für die Honigbuttercreme Eiweiß, Honig und Salz in eine Metallschüssel geben und über einem heißen Wasserbad schaumig schlagen, bis die Masse dicklich wird. In einem kalten Wasserbad weiterschlagen, bis die Masse abgekühlt ist. Nun die weiche Butter löffelweise dazugeben und am besten mit dem Handrührgerät so lange weiterrühren, bis eine luftige Masse entstanden ist.

Die Cupcakes grosszügig mit der Honigbuttercreme bestreichen und etwas Honig darüberträufeln.

# Mohn-Cupcakes

Ergibt 8 Stück (Einzelformen)

*Hefeteig*
250 g Mehl
20 g Hefe (½ Würfel)
110 ml Milch
40 g Butter
50 g Zucker
1 Ei
abgeriebene Schale von ½ Zitrone
½ TL Salz

*Mohnfüllung*
100 ml Milch
60 g Zucker
1 Päckchen Vanillezucker
100 g Mohn, gemahlen
½ TL Kartoffelstärke
1 TL kaltes Wasser

*Zum Bestreichen*
1 Eigelb
2 EL Rahm

Puderzucker

Das Muffinblech buttern. Den Backofen auf 180 Grad vorheizen.

Für den Teig das Mehl in eine Schüssel geben und mit den Fingern eine Mulde formen. Die Hefe mit den Fingern in die Mulde bröseln. Die Milch in einem Topf lauwarm erhitzen und zur Hefe geben. Mit etwas Mehl vom Rand zu einem Vorteig verrühren. An einem warmen Ort 15 Minuten abgedeckt gehen lassen.

Die Butter schmelzen. Butter, Zucker, Ei, Zitronenschale und Salz zum Vorteig geben und alles etwa 10 Minuten zu einem geschmeidigen Teig kneten. Abgedeckt nochmals 30 Minuten gehen lassen.

Für die Füllung Milch, Zucker und Vanillezucker aufkochen, den Mohn hinzufügen und unter ständigem Rühren bei schwacher Hitze 2 Minuten köcheln lassen. Die Kartoffelstärke im kalten Wasser auflösen und unter die Masse rühren. Auskühlen lassen.

Den aufgegangenen Teig ½ cm dick zu einem Rechteck ausrollen. Die abgekühlte Mohnmasse zwischen zwei Lagen Frischhaltefolie ausrollen und auf den Teig legen. Von der Längsseite her zu einer Roulade aufrollen, etwas andrücken und die Rolle mit einem scharfen Messer in der Mitte der Länge nach durchschneiden. Den einen Strang um den anderen wickeln. Den so entstandenen Strang in 8 Portionen schneiden.

Die Teigstücke in die Vertiefungen des Blechs setzen. Eigelb mit Rahm verrühren und den Teig damit bestreichen. Im vorgeheizten Ofen 30–35 Minuten backen. Herausnehmen, aus den Formen stürzen und mit Puderzucker bestäuben.

# New York Cheese Cupcakes

Ergibt 8 Stück (12er-Muffinblech)

*Boden*
5 Scheiben Zwieback
2 EL Butter
1 EL Puderzucker

*Cheesecake-Masse*
250 g Frischkäse
40 ml Milch
40 ml Rahm
1 Ei
40 g Zucker
15 g Speisestärke
½ Vanilleschote
1 Prise Salz
abgeriebene Schale und Saft
von ½ Zitrone

*Himbeersauce*
100 g frische Himbeeren, gewaschen
30 g Einmachzucker 1:2
abgeriebene Schale von ½ Zitrone

8 der Vertiefungen des Muffinblechs fetten und mit passend zurechtgeschnittenen Backpapierkreisen auslegen. Den Backofen auf 180 Grad vorheizen.

Für die Böden den Zwieback in eine Plastiktüte geben und mit einem Teigroller zerkleinern. In eine Schüssel geben und mit Butter und Puderzucker vermischen. Den Bröselteig in die vorbereiteten Vertiefungen des Blechs drücken. Im vorgeheizten Ofen etwa 10 Minuten vorbacken. Dann die Backofentemperatur auf 100 Grad zurückschalten.

Für die Cheesecake-Masse alle Zutaten in eine Schüssel geben und mit einem Schneebesen verrühren. Die Masse auf die vorgebackenen Böden gießen und bei 100 Grad 25 Minuten backen. Herausnehmen, die Ofentemperatur wieder auf 170 Grad erhöhen und die Cheesecakes weitere 10 Minuten fertigbacken. Sie sollten leicht Farbe angenommen haben. Abkühlen lassen und mit einem kleinen Küchenmesser aus den Formen lösen.

Für die Himbeersauce die Beeren mit Einmachzucker und Zitronenschale in einen Topf geben und 2 Minuten langsam köcheln lassen. Mit dem Mixstab fein pürieren und noch heiß durch ein Sieb in eine Schüssel streichen. Abkühlen lassen. Die Sauce zu den Cheesecakes servieren.

## Pekan-Cupcakes

Ergibt 6 Stück

*Teig*
60 g Zucker
1 Prise Salz
150 g Mehl
100 g kalte Butter in Stückchen

*Füllung*
100 g Zartbitterkuvertüre, zerkleinert
50 g Butter
50 ml Rahm
1 Ei
50 g Zucker
½ Vanilleschote, ausgekratztes Mark, oder etwas Vanillepulver
1 Prise Zimtpulver
140 g Pekannüsse, gehackt

18 Pekannusshälften
Kakaopulver

Für den Teig Zucker, Salz und Mehl in einer Schüssel mischen. Die Butterstücke dazugeben und alles zusammen rasch zu einem Mürbeteig verarbeiten. Den Teig in Frischhaltefolie wickeln und 30 Minuten kühl stellen.

Für die Füllung die Schokolade mit Butter und Rahm in einem kleinen Topf unter Rühren schmelzen. Vom Herd nehmen und Ei, Zucker, Gewürze und gehackte Nüsse rasch darunterrühren.

6 Silikonbackförmchen buttern. Den Backofen auf 175 Grad vorheizen.

Den Teig in 6 Portionen teilen und mit den Fingern in die Förmchen drücken. Mit der Schokoladen-Nuss-Masse füllen, jeweils 3 Pekannusshälften darauflegen und leicht andrücken. Im vorgeheizten Ofen etwa 20 Minuten backen. Herausnehmen, aus den Förmchen lösen und mit Kakaopulver bestäuben.

# Quark-Cupcakes

Ergibt 12 Stück (Einzelformen)

*Teig*
100 g Zucker
1 Prise Salz
1 Eigelb
130 g kalte Butter in Stückchen
250 g Mehl
½ TL Backpulver

*Quarkfüllung*
500 g Quark
100 ml Milch
100 ml Rahm
2 Eigelb
100 g Zucker
30 g Mais- oder Kartoffelstärke
½ Vanilleschote, ausgekratztes Mark
abgeriebene Schale und Saft
von ½ Zitrone
2 Eiweiß
1 Prise Salz

Für den Teig Zucker, Salz und Eigelb in einer Schüssel mischen. Die Butterstückchen, Mehl und Backpulver dazugeben und alles mit den Händen rasch zu einem Mürbeteig zusammenfügen. In Klarsichtfolie wickeln und 30 Minuten kühl stellen.

12 Muffinförmchen buttern. Den Backofen auf 175 Grad vorheizen.

Für die Quarkfüllung Quark, Milch und Rahm verrühren. Die Eigelbe, Zucker, Stärke, Vanillemark, Zitronenschale und -saft darunterrühren. Das Eiweiß mit dem Salz steif schlagen und vorsichtig darunterheben.

Den Mürbeteig in 12 Portionen teilen und mit den Fingern in die Förmchen drücken. Die Quarkmasse auf die Förmchen aufteilen. In der Mitte des vorgeheizten Ofens 40–45 Minuten backen. Falls die Küchlein zu dunkel werden, die Backofentemperatur etwas zurückschalten. Herausnehmen und auf einem Kuchengitter vollständig auskühlen lassen. Aus den Förmchen lösen.

# Schwarzwälder-Cupcakes

Ergibt 8 Stück (12er-Muffinblech)

*Schokoladenbiskuit*
2 Eier
70 g Zucker
1 Prise Salz
50 g Mehl
15 g Kakaopulver
1 EL Milch

*Kirschkompott*
1 kleines Glas Sauerkirschen
2 gestrichene TL Speisestärke
1 EL Zucker

*Zum Fertigstellen*
300 ml Rahm (mindestens 32 % Fettgehalt)
2 EL Puderzucker
Kirschwasser nach Geschmack
1 Stück Zartbitterkuvertüre für Schokoraspel

Das Muffinblech buttern. Den Backofen auf 170 Grad vorheizen.

Für den Biskuitteig die Eier mit Zucker und Salz auf das vierfache Volumen aufschlagen. Mehl und Kakaopulver mischen und auf die Eimasse sieben, die Milch beifügen und alles vorsichtig darunterheben.

Den Teig bis 2 cm unter den Rand in die Vertiefungen des gefetteten Muffinblechs füllen und im vorgeheizten Ofen 20–25 Minuten backen. Herausnehmen und im Blech auskühlen lassen.

Für das Kompott die Kirschen in ein Abtropfsieb schütten, dabei den Saft auffangen. 2 Esslöffel Saft mit der Speisestärke verrühren. Den restlichen Kirschsaft mit dem Zucker aufkochen. Unter Rühren die angerührte Stärke zum kochenden Kirschsaft geben. Die Kirschen beifügen und abkühlen lassen.

Den Rahm mit dem Puderzucker steif schlagen. In einen Spritzbeutel mit Sterntülle füllen.

Die Cupcakes einmal horizontal halbieren und nach Belieben mit etwas Kirschwasser beträufeln. Den Schlagrahm auf den unteren Teigboden spritzen und Kirschen darauf verteilen. Den Teigdeckel daraufsetzen und nochmals mit Kirschwasser beträufeln. Mit Schlagrahm und Kirschen ausgarnieren. Mit einem Messer Schokoraspel von der Zartbitterkuvertüre schneiden und die Cupcakes damit bestreuen.

# Trüffel-Cupcakes

Ergibt 6 Stück (Einzel-Glas- oder Porzellanformen)

*Teig*
15 g Marzipan
60 g weiche Butter
½ Vanilleschote, ausgekratztes Mark
70 g Puderzucker
3 Eigelb
70 g Zartbitterkuvertüre
2 Eiweiß
30 g Mehl
70 g gemahlene Mandeln

*Schokoladenglasur*
50 ml Rahm
1 TL Honig
35 g Zartbitterkuvertüre, gehackt
80 g Vollmilchkuvertüre, gehackt

*Garnitur*
6 Trüffelpralinen

Alle Zutaten Zimmertemperatur annehmen lassen. 6 Glas- oder Porzellanförmchen fetten und mit Zucker ausstreuen. Den Backofen auf 175 Grad vorheizen.

Für den Teig das Marzipan zerbröseln und mit Butter, Vanillemark und der Hälfte des Puderzuckers cremig schlagen. Nach und nach die Eigelbe dazugeben und gut verrühren.

Die Zartbitterkuvertüre in einer Schüssel über einem warmen Wasserbad schmelzen, kurz abkühlen lassen und unter die Buttermischung rühren.

Das Eiweiß mit dem restlichen Puderzucker steif schlagen. Mehl und gemahlene Mandeln mischen, in ein grobes Sieb geben und abwechselnd mit dem Eischnee unter die Buttermischung heben. Den Teig in einen Spritzbeutel füllen und bis 1 cm unter den Rand in die vorbereiteten Förmchen füllen. Im vorgeheizten Ofen 30–35 Minuten backen. Herausnehmen, auf einem Gitter auskühlen lassen und vorsichtig aus den Förmchen lösen.

Für die Schokoladenglasur den Rahm mit dem Honig aufkochen, vom Herd nehmen und die beiden Kuvertüresorten unter Rühren darin auflösen.

Die Cupcakes mit jeweils 1 Esslöffel der Schokoladenglasur überziehen und mit einer Praline dekorieren.

# Sweet surprise
## Extravagante Kreationen

# Blue Coconut Cupcakes

Ergibt 6–8 Stück (12er-Muffinblech)

*Blue-Curaçao-Creme*
150 g Naturjoghurt
50 g Puderzucker
40 ml Blue Curaçao sowie 2 EL zusätzlich
2½ Blatt Gelatine, in kaltem Wasser eingeweicht
100 g Rahm

*Teig*
125 g weiche Butter
125 g Zucker
1 Prise Salz
2 Eier
250 g Mehl
½ Päckchen Backpulver
150 ml Kokosmilch

200 g frische Kokosnuss, geraspelt

Für die Creme in einer Schüssel Joghurt, Puderzucker und die erste Portion Blue Curaçao verrühren. Die weiteren 2 Esslöffel Blue Curaçao in einem kleinen Töpfchen erhitzen und die ausgedrückte Gelatine darin langsam und vorsichtig auflösen. Mit einem Schneebesen schnell unter die Joghurtmischung rühren. Den Rahm steif schlagen und zuletzt unter die Joghurtmasse heben. Mindestens 2 Stunden kalt stellen.

In die Vertiefungen des Muffinblechs Papierkapseln setzen. Den Ofen auf 175 Grad vorheizen.

Für den Teig die Butter zusammen mit Zucker und Salz cremig rühren. Nach und nach die beiden Eier dazugeben und so lange weiterschlagen, bis eine homogene Masse entstanden ist. Das Mehl mit dem Backpulver mischen und darunterrühren. Die Kokosmilch beifügen und alles gut vermischen. Den Teig bis 1 cm unter den Rand in die Förmchen füllen. Im vorgeheizten Ofen 25–30 Minuten backen. Herausnehmen und auskühlen lassen.

Die Blue-Curaçao-Creme mit zwei Teelöffeln auf die Cupcakes verteilen und mit viel frisch geraspelter Kokosnuss bedecken. Bis zum Servieren kühl stellen.

## Double Peanut Cupcakes

Ergibt 4 Stück (6er- oder 12er-Muffinblech)

*Teig*
40 g Zucker
2 EL Wasser
40 g Erdnüsse, enthäutet
2 Eier
20 g Zucker
1 Prise Zimtpulver
30 g Mehl
1 EL Öl

*Erdnussbuttercreme*
100 g Frischkäse
40 g Puderzucker
100 g Erdnusscreme (Reformhaus)
80 g weiche Butter

Johannisbeergelee
einige gehackte Erdnüsse

Ein Backblech mit Backpapier belegen.

Für den Teig zuerst die Krokantmasse herstellen. Dafür den Zucker mit dem Wasser in einer kleinen Pfanne zu Karamell kochen. Die Erdnüsse dazugeben und mit einem Holzlöffel umrühren, so dass alle vom Karamell überzogen sind. Auf das vorbereitete Blech geben und auskühlen lassen. Dann in Stücke brechen und im Blitzhacker (Moulinette) oder in einer Nussmühle fein mahlen.

In 4 der Vertiefungen des Muffinblechs Papierkapseln setzen. Den Backofen auf 175 Grad vorheizen.

Die Eier trennen. Das Eiweiß zu Schnee schlagen, dabei den Zucker langsam einrieseln lassen. Die Eigelbe zusammen mit dem Zimt in einer separaten Schüssel cremig rühren. Das Mehl mit dem gemahlenen Krokant mischen und zur Eigelbmischung sieben. Den Eischnee zusammen mit dem Öl darunterheben. Den Teig in die Förmchen füllen. Im vorgeheizten Ofen 25–30 Minuten backen. Herausnehmen und auskühlen lassen.

Für die Erdnussbuttercreme alle Zutaten Zimmertemperatur annehmen lassen. Den Frischkäse mit Puderzucker und Erdnusscreme cremig rühren. Die Butter separat zu einer weißlichen, cremigen Masse aufschlagen, die Erdnussmasse löffelweise darunterrühren, bis eine homogene Creme entstanden ist. In einen Spritzbeutel mit kleiner Lochtülle füllen und ½ Stunde kühl stellen.

Die Cupcakes zuerst dünn mit Buttercreme bestreichen. Den Rest der Buttercreme in einen Spritzbeutel mit kleiner Lochtülle füllen und kühl stellen. Dann die Cupcakes damit im Karomuster garnieren. Wieder kühl stellen. In die entstandenen Lücken Johannisbeergelee füllen. Mit den gehackten Erdnüssen bestreuen.

# Eierlikör-Cupcakes

Ergibt 8 Stück (12er-Muffinblech)

*Biskuit*
4 Eier
100 g Zucker
1 Prise Salz
50 g Butter
90 g Mehl
20 g Speisestärke
50 g Kakaopulver

*Eierlikör-Buttercreme*
200 ml Eierlikör
4 Eigelb
4 EL Puderzucker
200 g weiche Butter

*Glasur*
2 Packungen dunkle Schokoladenglasur

In die Vertiefungen des Muffinblechs Papierkapseln setzen. Den Ofen auf 175 Grad vorheizen.

Für den Biskuitteig die Eier mit Zucker und Salz auf das vierfache Volumen aufschlagen. Die Butter in einem Topf schmelzen. Das Mehl mit Speisestärke und Kakaopulver mischen, zur Eimasse sieben und zusammen mit der flüssigen Butter vorsichtig darunterheben. Die Masse in einen Spritzbeutel mit grosser Lochtülle füllen und bis 1 cm unter den Rand in die Förmchen verteilen. Im vorgeheizten Ofen 20 Minuten backen. Herausnehmen und auskühlen lassen.

Für die Buttercreme den Eierlikör mit den Eigelben und 2 Esslöffeln Puderzucker in einer Rührschüssel über einem heißen Wasserbad schaumig schlagen, bis die Masse dicklich wird. In einem kalten Wasserbad unter Rühren abkühlen lassen. Die Butter mit den restlichen 2 Esslöffeln Puderzucker weißlich und cremig schlagen. Löffelweise am besten mit dem Handrührgerät die Eierlikörmischung unter die Butter rühren, bis eine homogene Masse entstanden ist. Sehr sorgfältig einarbeiten, sonst trennt sich die Butter wieder von der Eierlikörmischung. 15 Minuten im Kühlschrank abkühlen lassen. Die Creme in einen Spritzbeutel mit Sterntülle füllen, wie Softeis auf die Cupcakes spritzen und 1 Stunde kühl stellen.

Die Schokoladenglasur nach Packungsanleitung schmelzen und mit Hilfe eines Esslöffels die Buttercreme damit überziehen.

# Frozen-Brombeer-Cupcakes

Ergibt 8 Stück

*Meringue*
2 Eiweiß
1 Prise Salz
60 g weißer Zucker
50 g Puderzucker
1 gehäufter TL Speisestärke

*Parfait*
300 g frische Brombeeren
1 Ei
1 Eigelb
75 g Zucker
1 Blatt Gelatine, in kaltem Wasser eingeweicht
200 ml Rahm

1 EL Zucker für die Brombeersauce

Den Backofen auf 50 Grad vorheizen.

Für die Meringue die beiden Eiweiß mit dem Salz schaumig schlagen, den Zucker langsam einrieseln lassen und weiterschlagen, bis sich der Zucker vollständig aufgelöst hat. Den Puderzucker mit der Speisestärke mischen, zum Eischnee sieben und vorsichtig darunterheben, bis eine zart-cremige Masse entstanden ist. Die Masse in einen Spritzbeutel mit mittlerer Lochtülle füllen.

Auf zwei mit Backpapier belegte Bleche die Masse spiralförmig zu 16 Scheiben von etwa 8 cm Durchmesser aufspritzen. Die Meringuescheiben 2 Stunden im Ofen bei 50 Grad trocknen lassen. Herausnehmen und über Nacht vollständig trocknen lassen. Die Meringuescheiben halten sich in einer Blechdose luftdicht verschlossen mehrere Monate.

Für das Parfait die Brombeeren mit dem Stabmixer pürieren und durch ein Sieb streichen, die Hälfte des Brombeerpürees wird für das Parfait verwendet. Das restliche Püree mit dem Esslöffel Zucker verrühren und kalt stellen.

In einer Metallschüssel Ei, Eigelb und Zucker über einem heißen Wasserbad schaumig schlagen, bis die Masse dicklich wird. Vom Wasserbad nehmen, die ausgedrückte Gelatine dazugeben und die Masse weiterschlagen, bis sie etwas abgekühlt ist. Das Brombeermark hinzufügen und verrühren. Zuletzt den Rahm steif schlagen und darunterheben. Die Masse in 8 Silikonförmchen füllen und über Nacht gefrieren lassen.

Die Parfaits aus den Förmchen lösen, jeweils auf eine Meringuescheibe stellen, mit 1 Esslöffel Brombeersauce begießen und mit einer zweiten Meringuescheibe bedecken.

# Frozen Greentea Cupcakes

Ergibt 6 Stück

*Grünteeparfait*
2 Stängel Zitronengras
200 ml Rahm
1 Ei
1 Eigelb
3 EL Zucker
1 gehäufter TL Grünteepulver
1 Blatt Gelatine, in kaltem Wasser eingeweicht
Saft von einer ½ Zitrone

Puderzucker

Für das Grünteeparfait das Zitronengras mit einer flachen Messerklinge quetschen und in Stücke schneiden. Die Hälfte des Rahms in einen kleinen Topf geben und das zerkleinerte Zitronengras hinzufügen. Aufkochen und 3 Minuten leicht köcheln lassen. Im Kühlschrank auskühlen lassen. Ei, Eigelb, Zucker und Grünteepulver in einer Schüssel über einem heißen Wasserbad aufschlagen, bis die Masse schaumig und cremig wird. Die ausgedrückte Gelatine und den Zitronensaft dazugeben. Die Schüssel sofort in ein kaltes Wasserbad stellen und die Mischung weiter rühren, bis sie abgekühlt ist.

Die Zitronengras-Rahm-Mischung durch ein Sieb giessen, das Zitronengras gut ausdrücken. Den restlichen Rahm (100 ml) beifügen und steif schlagen. Unter die Eimischung heben und in 6 Silikonbackförmchen füllen. Über Nacht gefrieren lassen.

Zum Servieren die Parfaits aus den Förmchen lösen und dick mit Puderzucker bestreuen. Mit dem Bunsenbrenner wie bei einer Crème brûlée karamellisieren und nach Belieben mit Mürbeteigplätzchen servieren.

# Lemontarte-Cupcakes

Ergibt 6 Stück (Einzelformen)

*Mürbeteig*
100 g Mehl
45 g Puderzucker
1 Prise Salz
50 g kalte Butter in Stückchen
1 Eigelb

*Füllung*
200 ml Rahm
250 g Zucker
1 Prise Salz
6 Eier
fein abgeriebene Schale und Saft
von 4 Zitronen

Hülsenfrüchte oder Blindbackperlen
zum Beschweren
100 g Zucker

Von 6 Muffinförmchen die Seitenränder mit Butter fetten. Den Boden mit kleinen Backpapierkreisen belegen.

Für den Mürbeteig alle Zutaten in eine Schüssel geben. Mit den Fingern krümelig reiben und rasch zu einem Teig zusammenfügen. In Frischhaltefolie gewickelt im Kühlschrank 30 Minuten ruhen lassen.

Den Backofen auf 175 Grad vorheizen.

Den Teig in 6 Portionen teilen, etwas ausrollen und mit den Fingern gleichmässig in die vorbereiteten Förmchen drücken und einen Rand formen. Den Boden mit einem Holzstäbchen mehrmals einstechen, mit Backpapierkreisen bedecken und mit Hülsenfrüchten oder Blindbackperlen bis zum Rand auffüllen. Im Ofen 15–20 Minuten blind backen. Aus dem Ofen nehmen und abkühlen lassen. Die Hülsenfrüchte oder Blindbackperlen entfernen.

Die Backofentemperatur auf 100 Grad zurückschalten (am besten mit Ofenthermometer prüfen).

Für die Füllung Rahm, Zucker und Salz etwas mehr als handwarm erwärmen, vom Herd nehmen. Die Eier mit einer Gabel verquirlen, unter die Rahmmischung rühren und diese durch ein Sieb gießen. Zitronenschale und -saft hinzufügen und verrühren.

Die Förmchen auf ein Backblech stellen, die Mürbeteigschalen mit der Zitronencreme bis oben auffüllen und diese im Ofen bei 100 Grad ungefähr 30 Minuten stocken lassen. Zum Prüfen, ob sie fertig gegart ist, vorsichtig am Backblech rütteln; die Füllung sollte sich nicht mehr bewegen. Herausnehmen und abkühlen lassen.

Die Creme mit dem Zucker bestreuen und mit dem Bunsenbrenner vorsichtig wie bei einer Crème brûlée karamellisieren. Dabei den Mürbeteigrand gut im Auge behalten.

# Maracuja-Cupcakes

Ergibt 6 Stück

*Schokoladenschalen*
250 g Schokoladenglasur oder Zartbitterschokolade

*Fruchtmousse*
16 Passionsfrüchte
120 ml Wasser
120 g Zucker

120 g Joghurt
Saft von einer ½ Zitrone
3 Blatt Gelatine, in kaltem Wasser eingeweicht
200 ml Rahm

Für die Schokoladenschalen die Schokoladenglasur in einer Schüssel über einem warmen Wasserbad schmelzen oder die Zartbitterschokolade temperieren (siehe Seite 111). 6 Silikonbackförmchen mit der flüssigen Schokolade ausgießen. Die Förmchen umdrehen und überflüssige Schokolade ablaufen lassen. Die Schokoladenförmchen vollständig auskühlen und fest werden lassen.

Für die Fruchtmousse die Passionsfrüchte halbieren, das Fruchtfleisch herauslösen und mit Wasser und Zucker in einem kleinen Topf aufkochen. 15 Minuten leicht köcheln lassen. Die Sauce durch ein feines Sieb streichen. Für die Garnitur 2 Esslöffel davon, zusammen mit einigen Kernen, beiseite stellen.

Die restliche Passionsfruchtsauce mit dem Joghurt in einer Schüssel mischen. Den Zitronensaft in einem kleinen Topf erwärmen und die Gelatine darin auflösen. Schnell unter die Joghurt-Passionsfrucht-Mischung rühren.

Den Rahm steif schlagen und unter die Masse heben. Mindestens 3 Stunden kalt stellen.

Die Silikonförmchen vorsichtig von der Schokolade lösen. Die Passionsfruchtmousse in einen Spritzbeutel mit Sterntülle füllen und in die Schokoladenförmchen spritzen. Mit der beiseite gestellten Passionsfruchtsauce garnieren.

# Mokka-Cupcakes

Ergibt 10 Stück (12er-Muffinblech)

*Brandteig*
125 ml Wasser
50 g Butter
1 Prise Salz
125 g Mehl
3–4 Eier

*Mokkacreme*
1 Sternanis
3 Korianderkörner
½ Zimtstange
¼ l Rahm
1 TL lösliches Kaffeepulver
100 g Zartbitterschokolade, zerkleinert

*Glasur*
40 ml Rahm
1 TL Honig
45 g Zartbitterkuvertüre
70 g Vollmilchkuvertüre

Das Muffinblech fetten und bemehlen. Den Backofen auf 190 Grad vorheizen.

Für den Brandteig Wasser, Butter und Salz aufkochen. Das Mehl sieben und auf einmal im Sturz dazugeben, mit einem Holzlöffel rühren, bis sich ein Kloß gebildet hat, der sich vom Topfboden löst.

Den Topf vom Herd nehmen, den Teig etwas abkühlen lassen, dann ein Ei nach dem anderen unter den Teig arbeiten. Dieser soll glänzen und zähflüssig vom Kochlöffel fallen. Den Teig in einen Spritzbeutel mit großer Sterntülle füllen und möglichst kreisförmig bis zur Hälfte in die Vertiefungen des Muffinblechs spritzen. In der Mitte des vorgeheizten Ofens 15–20 Minuten backen. Dann die Temperatur auf 150 Grad herunterschalten und weitere 10 Minuten fertigbacken. Den Backofen während des Backvorgangs nicht öffnen!

Für die Creme die Gewürze in einem Mörser fein zerstossen, zusammen mit dem Kaffeepulver zum Rahm geben und alles zusammen aufkochen. Vom Herd nehmen und die Schokolade dazugeben. Mit Klarsichtfolie abgedeckt im Kühlschank vollständig auskühlen lassen. Kurz vor dem Fertigstellen durch ein Sieb gießen und wie Rahm aufschlagen.

Für die Glasur den Rahm aufkochen, Honig und die beiden Kuvertüresorten hinzufügen und glatt rühren.

Die Brandteigkrapfen aufschneiden, mit Mokkacreme füllen und mit der Glasur überziehen.

# Nuss-Nougat-Cupcakes

Ergibt 9 Stück (12er-Muffinblech)

*Macarons*
2 Eiweiß
180 g Puderzucker
70 g gemahlene Mandeln
1 TL Kakaopulver

*Teig*
150 g gemahlene Haselnüsse
110 g Butter (ergibt 75 g braune Butter)
4 Eiweiß
75 g Zucker für den Eischnee
60 g Mehl
50 g Zucker

*Nougatcreme*
200 g Haselnuss-Nougat
50 g weiße Schokolade, zerkleinert
70 g weiche Butter

Ein Blech mit Backpapier belegen. Den Backofen auf 160 Grad vorheizen.

Für die Macarons das Eiweiss zu Schnee schlagen, den Puderzucker langsam einrieseln lassen und 2 Minuten weiterschlagen. Die gemahlenen Mandeln mit dem Kakaopulver vermischen und mit Hilfe eines Holzlöffels unter den Eischnee heben. In einen Spritzbeutel mit Lochtülle füllen und zu etwa 7 cm großen Häufchen auf das vorbereitete Blech spritzen. Im vorgeheizten Ofen 20 Minuten backen. Herausnehmen und auskühlen lassen.

Die Backofentemperatur auf 170 Grad erhöhen. In die Vertiefungen des Muffinblechs Papierkapseln setzen.

Für den Teig die gemahlenen Haselnüsse auf ein Blech geben und im Backofen hellbraun rösten. Die Butter in einem kleinen Topf so lange erhitzen, bis sie leicht gebräunt ist und nussig riecht. Durch ein sehr feines Sieb gießen und auf Zimmertemperatur abkühlen lassen.

Das Eiweiß zu Schnee schlagen, dabei die erste Portion Zucker langsam einrieseln lassen. Mehl, die zweite Portion Zucker und die Haselnüsse miteinander vermischen. Abwechselnd mit der braunen Butter vorsichtig unter den Eischnee heben. Den Teig in einen Spritzbeutel füllen und gleichmässig in die Förmchen füllen. Im vorgeheizten Ofen bei 170 Grad ungefähr 15 Minuten backen, dann die Ofentemperatur auf 150 Grad reduzieren und weitere 10 Minuten fertig backen. Herausnehmen und auskühlen lassen.

Für die Nougatcreme das Nougat mit der Schokolade über einem heißen Wasserbad unter Rühren schmelzen. Beiseite stellen und abkühlen, aber nicht fest werden lassen. Die weiche Butter dazugeben und mit einem Schneebesen gut verrühren.

Zum Fertigstellen die Nougatmasse auf den Cupcakes verstreichen und jeweils ein Macaron daraufsetzen.

# Pistazien-Brombeer-Cupcakes

Ergibt 8 Stück (12er-Muffinblech)

*Teig*
100 g weiche Butter
140 g Puderzucker
4 Eier
1 Prise Salz
20 g Mehl
140 g gesalzene Pistazien, gemahlen

*Buttercreme*
375 g Brombeeren
1 TL Speisestärke
1 EL kaltes Wasser
180 g weiche Butter
75 g Puderzucker

Alle Zutaten Zimmertemperatur annehmen lassen. In die Vertiefungen des Muffinblechs Papierkapseln setzen. Den Backofen auf 170 Grad vorheizen.

Für den Teig mit dem Handrührgerät die Butter mit der Hälfte des Puderzuckers cremig schlagen. Die Eier trennen. Nach und nach die Eigelbe zur Buttermischung geben und unter weiterem Schlagen einarbeiten.

Das Eiweiß mit dem Salz steif schlagen, den restlichen Puderzucker nach und nach einrieseln lassen. Den Eischnee in zwei Portionen zusammen mit dem Mehl und den gemahlenen Pistazien unter die Buttermischung heben. Den Teig mit einem Esslöffel bis 1 cm unter den Rand in die Förmchen füllen. Im vorgeheizten Ofen 25–30 Minuten backen.

Für die Garnitur 8 schöne Brombeeren beiseite legen.

Für die Buttercreme die restlichen Brombeeren in einen Topf geben, mit einer Gabel etwas zerquetschen und bei mittlerer Hitze breiig kochen. Durch ein Sieb streichen und wieder zurück in den Topf geben. Die Speisestärke mit dem kalten Wasser anrühren und zur kochenden Brombeersauce geben, dabei stetig rühren. Den Topf vom Herd nehmen und die Sauce abkühlen lassen.

Die Butter mit dem Puderzucker in der Küchenmaschine zu einer weißlichen, schaumigen Masse schlagen. Die Brombeersauce löffelweise dazugeben und weiter rühren, bis eine homogene Masse entstanden ist. Die Creme in einen Spritzbeutel mit Spitztülle füllen und in einer kreisenden Bewegung auf die Cupcakes spritzen. Mit den beiseite gelegten Brombeeren garnieren.

Die Cupcakes halten sich abgedeckt im Kühlschrank 1–2 Tage.

# Portwein-Cupcakes

Ergibt 6–7 Stück (6er- oder 12er-Muffinblech)

*Teig*
125 g weiche Butter
125 g Zucker
2 Eier
125 g Mehl
1 TL Zimtpulver
1 EL Kakaopulver
½ Päckchen Backpulver
50 g Zartbitterschokolade, fein gerieben
60 ml Rotwein

*Schokoladenblättchen*
100 g Zartbitterschokolade

*Portweinbuttercreme*
250 ml Portwein
25 g Zucker
1 TL Speisestärke, mit 1 EL Portwein verrührt
125 g weiche Butter
20 g Puderzucker

In die Vertiefungen des Muffinblechs Papierkapseln setzen. Den Backofen auf 180 Grad vorheizen.

Für den Teig die weiche Butter mit dem Zucker cremig rühren. Ein Ei nach dem anderen dazugeben. Mehl, Zimt, Kakaopulver und Backpulver in einer Schüssel mischen, zur Buttermischung geben und verrühren. Die Schokolade zusammen mit dem Rotwein darunterrühren. Den Teig in die Förmchen füllen und im vorgeheizten Ofen 25–30 Minuten backen. Herausnehmen und auskühlen lassen.

Für die Schokoladenblättchen die Schokolade temperieren (siehe Seite 111). Die Rückseite eines Backblechs mit Frischhaltefolie überziehen. Die Schokolade mit einem Palettenmesser (Spatel) darauf ausstreichen und fest werden lassen. Dann in Stücke brechen. Alternativ fertige Schokoladenblättchen verwenden.

Für die Buttercreme den Portwein mit dem Zucker in einen Topf geben und auf die Hälfte einkochen lassen (125 ml). Mit der angerührten Stärke abbinden, vom Herd nehmen und lauwarm abkühlen lassen. Die Butter zusammen mit dem Puderzucker mit dem Handrührgerät cremig schlagen. Die Portweinreduktion löffelweise zur Buttermischung geben und jeweils weiterrühren, bis sie gut eingearbeitet ist. In einen Spritzbeutel mit Blättertülle füllen und ½ Stunde kühl stellen.

Die Portweinbuttercreme dekorativ auf die Cupcakes spritzen und mit den gebrochenen Schokoladenblättchen garnieren.

# Tiramisu-Cupcakes

Ergibt 8 Stück (12er-Muffinblech)

*Biskuit*
2 Eier
60 g Zucker
½ Päckchen Vanillezucker
1 Prise Salz
40 g Mehl
20 g Speisestärke
20 ml Öl

*Schokoladensauce*
50 ml Rahm
110 g Zartbitterschokolade, gehackt

*Mascarponecreme*
2 Eier
100 g Zucker
1 Prise Salz
½ unbehandelte Zitrone, abgeriebene Schale und Saft
4 Blatt Gelatine, in kaltem Wasser eingeweicht
375 g Mascarpone
300 ml Rahm

*Zum Fertigstellen*
8 EL Espresso
etwas Amaretto
1 EL Kakaopulver

In die Vertiefungen des Muffinblechs Papierkapseln setzen. Den Backofen auf 175 Grad vorheizen.

Für den Biskuitteig Eier, Zucker, Vanillezucker und Salz auf das vierfache Volumen aufschlagen. Mehl und Speisestärke dazusieben. Das Öl hinzufügen und alles darunterheben. In die Förmchen füllen und im vorgeheizten Ofen 20–25 Minuten backen. Herausnehmen und auskühlen lassen.

Für die Schokoladensauce den Rahm aufkochen, vom Herd nehmen und die Schokolade unter Rühren darin auflösen.

Für die Mascarponecreme Eier, Zucker, Salz, Zitronenschale und -saft in einer Schüssel über einem heißen Wasserbad schaumig schlagen, bis sich das Volumen verdreifacht hat. Die ausgedrückte Gelatine darin auflösen. Die Masse in der Schüssel in einem kalten Wasserbad unter weiterem Rühren lauwarm abkühlen lassen. Den Mascarpone darunterrühren. Den Rahm steif schlagen und ebenfalls darunterziehen. In den Kühlschrank stellen, bis die Masse fest zu werden beginnt.

Zum Fertigstellen den Espresso mit dem Amaretto mischen und die Cupcakes damit tränken. Die Schokoladensauce darauf verteilen und die Cupcakes in den Kühlschrank stellen. Die Mascarponecreme in einen Spritzbeutel mit Lochtülle füllen und die Cupcakes tupfenartig damit verzieren. Mit Kakaopulver bestäuben. Bis zum Servieren kühl stellen.

# Feste feiern

# Birthday Cupcakes

Ergibt 6 Stück (6er- oder 12er-Muffinblech)

*Teig*
100 g Butter
75 g Zucker
1 Prise Salz
2 Eier
150 g Mehl
½ Teelöffel Backpulver
40 g dunkle Schokolade, gehackt

*Schokoladencreme*
150 ml Rahm
200 g Zartbitterkuvertüre, zerkleinert
40 g Butter
30 g Puderzucker
1 TL Kakaopulver

1 Tafel weiße Schokolade
kleine Geburtstagskerzen

Alle Zutaten sollten Zimmertemperatur annehmen. In die Vertiefungen des Muffinblechs Papierkapseln setzen. Den Backofen auf 175 Grad vorheizen.

Für den Teig die Butter mit der Hälfte des Zuckers und dem Salz cremig schlagen. Die Eier trennen und die Eigelbe nacheinander darunterrühren. Das Mehl mit dem Backpulver mischen. Das Eiweiß mit dem restlichen Zucker zu Schnee schlagen.

Abwechselnd mit der Mehlmischung unter die Buttermasse heben. Zuletzt die gehackte Schokolade darunterheben. Den Teig in die Förmchen füllen und im vorgeheizten Ofen 25–30 Minuten backen. Herausnehmen und auskühlen lassen.

Für die Schokoladencreme den Rahm aufkochen, vom Herd nehmen und Schokolade sowie Butter darin auflösen. Etwas abkühlen lassen, dann in eine Rührschüssel füllen. Puderzucker und Kakaopulver dazugeben und mit dem Handrührgerät oder mit der Küchenmaschine aufschlagen, bis eine cremige Masse entstanden ist. Sofort in einen Spritzbeutel mit Sterntülle füllen und auf die Cupcakes spritzen.

Mit einem Messer Raspel von der Schokoladentafel schaben und die Cupcakes damit bestreuen. Kerzen hineinstecken.

# Garden Cupcakes

Ergibt 8 Stück

*Teig*
4 Eiweiß
75 g Zucker
75 g Butter
80 g Marzipan, zerbröselt
60 g Mehl
70 g gemahlene Mandeln

*Quarkcreme*
1 Ei
1 Eigelb
40 g Zucker
1 Prise Vanillepulver
Saft von ½ Zitrone
1 Blatt Gelatine, in kaltem Wasser eingeweicht
100 ml Rahm
75 g Quark

frische Blüten oder Blütenblätter, z. B. von Stiefmütterchen, Sonnenblumen, Rosen, als Garnitur

8 Silikonförmchen buttern. Den Backofen auf 180 Grad vorheizen.

Für den Teig das Eiweiß steif schlagen, dabei den Zucker langsam einrieseln lassen.

In einer zweiten Schüssel die Butter mit dem zerbröselten Marzipan cremig schlagen; das Marzipan soll sich dabei vollständig auflösen. Mehl und gemahlene Mandeln mischen und abwechselnd mit dem Eischnee unter die Buttermischung heben. Den Teig in die Förmchen füllen. Im vorgeheizten Backofen 20–25 Minuten backen. Herausnehmen und auskühlen lassen.

Für die Quarkcreme Ei, Eigelb, Zucker und Vanillepulver in einer Schüssel über einem heißen Wasserbad schaumig schlagen, bis die Masse dicklich wird. Dann in ein kaltes Wasserbad stellen und weiterschlagen, bis die Masse abgekühlt ist.

In einem kleinen Topf den Zitronensaft mit der ausgedrückten Gelatine erwärmen, bis diese sich aufgelöst hat. Unter Rühren zur Eimischung geben. Den Rahm steif schlagen und zuletzt abwechselnd mit dem Quark unter die Eimasse heben. 3 Stunden kalt stellen.

Die Quarkcreme in einen Spritzbeutel mit Sterntülle füllen und in kreisenden Bewegungen auf die Cupcakes spritzen. Mit Blütenblättern bestreuen.

# Kinder-Cupcakes

Ergibt 6 Stück (6er- oder 12er-Muffinblech)

*Teig*
125 g Butter
125 g Zucker
1 Prise Vanillepulver
1 Prise Salz
3 Eier, getrennt
150 g Mehl
25 g gemahlene Mandeln
1 gestrichener EL Kakaopulver
½ Päckchen Backpulver
1 EL Milch
50 g Schokotropfen

*Garnitur*
150 ml Rahm
1 EL Puderzucker
kleine Smarties, Colaschnüre,
Schokoraspel

Alle Zutaten Zimmertemperatur annehmen lassen. In die Vertiefungen des Muffinblechs Papierkapseln setzen. Den Backofen auf 180 Grad vorheizen.

Für den Teig die Butter mit der Hälfte des Zuckers, Vanillepulver und Salz cremig schlagen. Die Eier trennen und die Eigelbe nacheinander unter die Masse rühren. Das Mehl mit den gemahlenen Mandeln, Kakaopulver und Backpulver mischen und mit der Milch unter die Buttermischung rühren. Die Schokotropfen dazugeben. Das Eiweiß mit dem restlichen Zucker zu Schnee schlagen und unter die Masse heben. Den Teig in die Förmchen füllen und im vorgeheizten Ofen 25–30 Minuten backen. Aus den Förmchen lösen und auskühlen lassen.

Für die Garnitur den Rahm mit dem Puderzucker steif schlagen, in einen Spritzsack mit Lochtülle füllen. Mit einem kleinen Küchenmesser aus den Cupcakes jeweils einen Kegel (als Hüte) herausschneiden. Mit dem Schlagrahm kreisförmig einen Kopf aufspritzen. Aus den Colaschnüren Zöpfe flechten, auf die Kopfform legen und mit Schokoraspeln als Haare dekorieren. Dann den herausgeschnittenen Teigkegel als Hut aufsetzen. Mit den Smarties als Gesicht dekorieren und zuletzt ein Eisschirmchen hineinstecken.

## Schmetterlings-Cupcakes

Ergibt 6 Stück (6er- oder 12er-Muffinblech)

*Teig*
125 g Butter
125 g Zucker
1 Prise Vanillepulver
1 Prise Salz
3 Eier
150 g Mehl
25 g gemahlene Mandeln
½ Päckchen Backpulver
1 EL Milch

*Zitronencreme*
1 Ei
1 Eigelb
60 g Zucker
Saft von 2 Zitronen
2 Blatt Gelatine, in kaltem Wasser eingeweicht
200 ml Rahm

*Zitronenglasur*
8 gehäufte EL Puderzucker, mit 2 EL Zitronensaft verrührt

verschiedene Süßigkeiten nach Belieben zum Dekorieren

Alle Zutaten Zimmertemperatur annehmen lassen. In die Vertiefungen des Muffinblechs Papierkapseln setzen. Den Backofen auf 180 Grad vorheizen.

Für den Teig die Butter mit der Hälfte des Zuckers, Vanillepulver und Salz cremig schlagen. Die Eier trennen und die Eigelbe nacheinander unter die Buttermischung rühren. Das Mehl mit Mandeln und Backpulver mischen und zusammen mit der Milch unter die Buttermasse rühren. Das Eiweiß mit dem restlichen Zucker zu Schnee schlagen und darunterheben. Den Teig in die Förmchen füllen. Im vorgeheizten Ofen 25–30 Minuten backen. Herausnehmen und auskühlen lassen.

Für die Zitronencreme Ei, Eigelb und Zucker über einem heißen Wasserbad schaumig schlagen, bis die Masse dicklich wird. In einem kalten Wasserbad weiterrühren, bis sie abgekühlt ist. Den Zitronensaft erwärmen und die ausgedrückte Gelatine darin auflösen. Unter die Eimischung rühren. Den Rahm steif schlagen und darunterheben. 3 Stunden kalt stellen.

Von den Cupcakes jeweils einen Deckel abschneiden und halbieren. Mit Zuckerglasur bestreichen und antrocknen lassen. Mit einem Kugelausstecher eine Halbkugel aus den Cupcakes ausstechen und als Kopf für den Zitronenfalter beiseite legen. Die Zitronenmousse in einen Spritzbeutel mit Sterntülle füllen. Auf die Cupcakes spritzen und Flügel sowie Kopf damit befestigen. Die restliche Mousse in der Mitte der Flügel aufspritzen. Die Cupcakes mit kleinen Süßigkeiten dekorieren, diese mit der restlichen Zuckerglasur befestigen.

# Valentins-Cupcakes

Ergibt 7 Stück (12er-Muffinblech)

*Biskuit*
2 Eier
1 Prise Salz
70 g Zucker
50 g Mehl
1 EL Kakaopulver
1 EL Milch

*Schokoladencreme*
150 ml Rahm
200 g Zartbitterschokolade, zerkleinert
40 g Butter
30 g Puderzucker
1 TL Kakaopulver

*Glasur*
40 ml Rahm
1 TL Honig
45 g Zartbitterschokolade, gehackt
70 g Vollmilchschokolade, gehackt

7 gezuckerte Rosen als Garnitur

In die Vertiefungen des Muffinblechs Papierkapseln setzen. Den Backofen auf 170 Grad vorheizen.

Für den Biskuitteig die Eier mit Salz und Zucker auf das vierfache Volumen aufschlagen. Das Mehl mit dem Kakaopulver mischen, auf die Eimasse sieben und zusammen mit der Milch vorsichtig darunterheben. Den Teig bis 2 cm unter den Rand in die Förmchen füllen und im vorgeheizten Ofen 20–25 Minuten backen. Herausnehmen und auskühlen lassen.

Für die Schokoladencreme den Rahm aufkochen, vom Herd nehmen und Schokolade sowie Butter darin auflösen. Etwas abkühlen lassen, dann in eine Rührschüssel füllen. Puderzucker und Kakaopulver dazugeben und mit dem Handrührgerät oder mit der Küchenmaschine zu einer cremigen Masse aufschlagen. Sofort in einen Spritzbeutel mit Sterntülle füllen und auf die Cupcakes spritzen.

Wer es noch schokoladiger mag, garniert die Cupcakes noch zusätzlich mit einer Schokoladenglasur. Dazu den Rahm aufkochen, Honig und die beiden Schokoladensorten dazugeben und unter Rühren auflösen. Die Glasur mit einem Esslöffel über den Cupcakes verteilen. Mit gezuckerten Rosen garnieren.

# Weddingday Cupcake

Ergibt 2 normal große und
2 kleine Cupcakes

*Biskuit*
1 Ei
30 g Zucker
1 Prise Salz
1 EL gemahlene Haselnüsse
30 g Mehl
¼ TL Kakaopulver
50 g Preiselbeermarmelade

*Buttercreme*
125 g weiche Butter
50 g Zucker
60 ml Milch
½ Vanilleschote, ausgekratztes Mark
1 Ei

Den Boden der Formen dünn mit Butter bestreichen. Den Backofen auf 175 Grad vorheizen.

Für den Biskuitteig Ei, Zucker und Salz auf das vierfache Volumen aufschlagen. Die gemahlenen Haselnüsse mit Mehl und Kakaopulver mischen und darunterheben. Die Biskuitmasse in die Vertiefungen der Muffinbleche füllen. In der Mitte des vorgeheizten Ofens 20–25 Minuten backen. Herausnehmen, auf einem Gitter auskühlen lassen und aus den Formen lösen.

Die Küchlein jeweils einmal horizontal durchschneiden, mit Preiselbeermarmelade dünn bestreichen und wieder zusammensetzen.

Inzwischen für die Buttercreme 1 Esslöffel Butter, Zucker, Milch, Vanillemark und das Ei in einem kleinen Topf unter ständigem Rühren aufkochen. Sofort vom Herd nehmen und die Creme durch ein Sieb in eine Metallschüssel gießen. Abkühlen lassen.

Die restliche Butter luftig schlagen und löffelweise die Vanillecreme darunterrühren. Die Creme in einen Spritzbeutel mit kleiner Streifentülle füllen.

Die größeren Cupcakes mit der Creme streifenweise von unten nach oben verzieren. Danach die Querstreifen aufspritzen und zuletzt die Oberfläche verzieren. Die kleinen Cupcakes aufsetzen und genauso verfahren. Zum Schluss mit wenig Preiselbeermarmelade garnieren.

# Etwas Küchenlatein

**Formen**

Sofern nicht anders vermerkt, werden in den Rezepten normal große Muffinformen verwendet (12er- bzw. 6er-Muffinbleche, teilweise auch einzelne Muffin- oder Silikonformen, Einzelformen insbesondere dann, wenn sie zu stürzen sind). Diese normal großen Muffinformen haben einen Inhalt von rund 80 ml (Formen aus Skandinavien, Australien oder den USA sind teilweise auch grösser).
Daneben werden vereinzelt auch Mini-Muffinformen verwendet (als 12er- bzw. 24er-Muffinblech erhältlich); diese fassen jeweils 25 ml.
Grundsätzlich können sämtliche Rezepte statt als große auch in der Miniform gebacken werden; die Teigmenge für einen großen ergibt dann etwa 3 Mini-Cupcakes.

**Papierkapseln, Papierförmchen**

Papierförmchen, sofern verwendet, immer in die Vertiefungen eines Muffinblechs oder in andere Formen stellen, damit das Gebäck seine Form behält. Der Teig kann nicht in den Papierförmchen allein gebacken werden, da er diese sonst durchweicht und das Gebäck dann zerfließt.

**Backen**

In der Regel werden Muffins in der Mitte des Ofens gebacken. Falls die Hitzeverteilung in Ihrem Backofen anders ist, ist dies entsprechend zu berücksichtigen.

**Backpulver**

Das normale Backpulver enthält Phosphat, welches empfindliche Menschen aus dem fertigen Gebäck als unangenehm herausschmecken können. Daher empfiehlt es sich insbesondere in Rezepten mit relativ viel Backpulver auf Weinsteinbackpulver auszuweichen (erhältlich im Bioladen oder Reformhaus oder in Supermärkten mit Bioabteilung).

**Kuvertüre temperieren**

Die Kuvertüre fein hacken, zwei Drittel davon in einer Metallschüssel über einem nicht zu heissen Wasserbad schmelzen. Darauf achten, dass kein Wasser in die Kuvertüre gelangt! Die Schüssel vom Wasserbad nehmen, die restliche gehackte Kuvertüre dazugeben und unter vorsichtigem Rühren darin auflösen. Die Kuvertüre sollte jetzt eine Temperatur zwischen 33 und 30 Grad Celsius haben. Sofort weiterverarbeiten.

# Rezeptverzeichnis